LA VÉRITÉ

SUR

L'ITALIE,

Par M. MARCHAL,

Témoin oculaire, arrivant de Rome.

PRIX : 15 c.

PARIS,

CHEZ GARNIER FRÈRES, LIBRAIRES,

au Palais-National et rue Richelieu, 10.

1849

LA VÉRITÉ
SUR L'ITALIE.

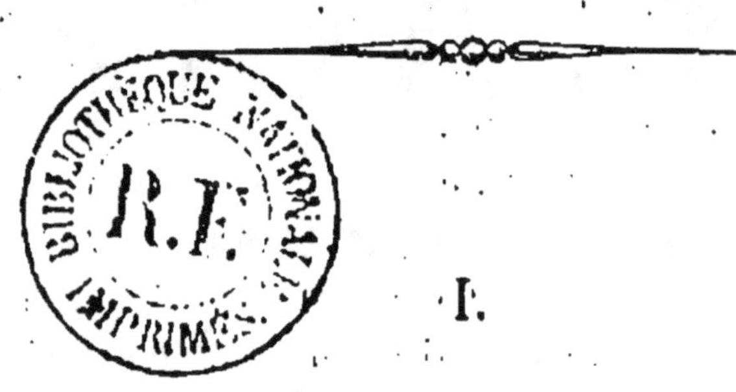

I.

Je prends la plume puisqu'aucune voix ne s'est élevée du haut de la tribune nationale pour dire franchement la vérité, — la vérité rude, désolante et nue sur l'Italie.

J'ai tout vu par moi-même, — l'insurrection de Gênes, — la réaction universelle et pacifique de Florence, — les excès démagogiques de Rome, jusqu'à l'intervention de M. de Lesseps, diplomate expérimenté, dit-on, qui, nous l'espérons bien, ne se laissera pas tromper par les terroristes qui dominent là bas.

J'ai tout vu; — on aurait le droit de me reprocher mon silence, et personne de bonne foi ne me reprochera mes paroles.

J'écris la vérité, rien que la vérité, mais aussi toute la vérité.

En prenant la plume pour écrire la vérité sur l'Italie, il ne faut pas se dissimuler les dangers qu'on court. Nos adversaires ne sont pas des hommes qui discutent, ce sont des hommes qui tuent. Ils ne tuent pas loyalement, en plein jour, à armes égales, en laissant à l'adversaire sa part de défense et de terrain, ils tuent lâchement; — ils tuent dans l'ombre. Je n'oublierai jamais ce jeune homme, ce Français qui avait reçu un coup de poignard et qui s'est réfugié sanglant à l'Académie de France, et à l'ambassade française, à Rome, — ces deux refuges que la légation nous avait heureusement ménagés.

Oui, ils tuent par derrière, avec le poignard. Il est bon de les prévenir qu'on est sur ses gardes, qu'on leur vendra sa vie, à ces spadassins démagogues, plus cher qu'ils n'ont l'habitude de payer celles qu'ils savent si bien éteindre......

II.

Parti de Marseille le 3 avril 1849, à bord du navire à vapeur *le Saint-Georges*, nous arrivâmes devant Gênes le 4. Il était quatre heures de l'après-midi; — le tocsin, partout volait dans les airs. Les coups de canon brisaient le silence du port. Le général La Marmora, à la tête d'une armée piémontaise, attaquait la ville insurgée.

Or, qui défendait cette malheureuse cité?

Un- poignée d'hommes sans aveu excités par quelques av ocats sans cause.

Car partout se produisent les mèmes crimes; car partout la démagogie est la mème. Ce sont toujours les mèmes paroles, les mèmes formes, les mèmes moyens pour arriver au même but : le renversement de la propriété et de la famille.

La lutte n'eût pas été longue à Gènes, car la garde nationale en était honteuse et lasse, — sans les étrangers, polonais, français et autres, qui firent une certaine résistance, à couverts derrière les remparts, — jamais en rase campagne.

Les combattants, quelques fanatiques n'ayant rien à perlre et ayant tout à gagner à une lutte fratricide, continuèrent pendant plusieurs jours cette bataille inutile, dont l'insuccès n'était pas douteux.

Les détails du combat prouvent combien peu intrépides se montrèrent les Génois, du reste en très-petit nombre parmi les défenseurs.

Le Gouvernement provisoire qui s'était élu après avoir chassé les quelques soldats qui gardaient la ville, composé de quelques avocats *étrangers à la localité*, avait envoyé l'ordre à plusieurs volontaires français et polonais, qui se rendaient à Florence, de venir prêter main-forte à l'insurrection. Ces aventuriers débarquèrent et se battirent avec une grande audace. Ils occupaient les forts avec des Italiens; ceux-ci, aux premiers feux, abandonnèrent les postes et prirent la fuite.

Au reste, ils avaient été devancés par les membres du gouvernement provisoire, qui, à l'exception de M. Avezanna, s'étaient, dès les premières hostilités, réfugiés sur les navires de guerre étrangers, abandonnant lâchement ces malheureux ouvriers qu'ils avaient égarés et poussés en avant. Il faut renoncer à peindre la douloureuse anxiété des habitants de Gênes qui subissaient cette insurrection. Combien de larmes répandues dans ces jours affreux, combien de terreurs dans ces nuits sans sommeil! Comme la voix effrayante du canon retentissait dans le cœur des épouses et des mères! L'écho des Apennins reproduisait ce bruit d'une façon sinistre.

La garde nationale éplorée se contentait de faire des patrouilles dans l'intérieur de la ville entre les barricades, craignant le pillage, rendue tremblante par la fatigue et l'émotion.

Les prêtres parcouraient la ville, affrontant la mort, comme en juin notre archevêque, pour porter leurs consolations et leurs soins aux blessés!

Et quelle désolation, quel deuil à bord des navires français sur lesquels s'étaient réfugiés nos nationaux! Le canon grondait sur leurs têtes et faisait trembler les amarres. Les enfants pleuraient; les femmes étaient pâles et désolées... et le feu continuait toujours.

Cette anxiété dura quatre jours. Il y eut des femmes et des enfants génois qui, dans leur désespoir, se jetèrent à la mer, pleins d'effroi, pour gagner les embarcations des navires, où tous les consuls étrangers eux-mêmes avaient été contraints de chercher un refuge.

Les insurgés continuèrent ce combat infructueux jusqu'à ce que la municipalité et la garde nationale, enfin lasses, eussent pris une attitude un peu résolue.

Il en fut ainsi à Livourne, à Pise, à Bologne; il en sera de même à Rome, ce dernier foyer de communisme.

Dans toutes les villes de l'Italie où l'insurrection triomphe un moment, le fait suivant se produit :

Des étrangers, perturbateurs de l'ordre, parviennent à renverser le gouvernement par la surprise, la ruse ou la violence, puis exposer ces villes aux terribles conséquences d'une résistance inutile.

Et encore parmi ceux qui ont crié le plus fort à la guerre, combien manquent à l'appel au jour de la lutte ? Les Italiens sont des soldats de processions, de parades et de bannières. Ils déclament beaucoup, ils agissent peu. Ils crient à tue-tête : « *En avant,* » et ne bougent pas. Quels secours les Toscans et les Romains ont-ils prêté au Piémont dans sa lutte contre l'Autriche ? Ils se sont contentés de crier : « *Aux armes! Vive l'indépendance de l'Italie!* » C'est peu.

A Gênes, les citoyens égarés, les repris de justice et les conspirateurs cosmopolites qui avaient organisé l'émeute, attendirent vainement les secours que leur avaient promis les Livournais, les Lombards et les Romains.

En somme, la population de Gênes, qui ne vit que de commerce et d'industrie, reçut l'éternelle leçon que reçoivent toujours les cités populeuses qui se laissent violenter par les auxiliaires du désordre public, au lieu de confier leurs destinées et le soin de leurs intérêts au patriotisme du parti modéré.

Le triomphe de l'insurrection à Gênes eut été immoral et malheureux pour la patrie. C'eût été le signal d'une lutte intestine entre le parti de l'anarchie et le parti de l'ordre; situation désastreuse dont l'Autriche aurait pu profiter pour envahir le Piémont.

Les mensonges répandus par les révolutionnaires nomades induirent en erreur la pauvre ville de Brescia, qui, persuadée que le Piémont avait triomphé, s'insurgea, et paya cher l'erreur dans laquelle les fanatiques l'avaient induite.

Ce sont les mêmes personnages qui ont répandu le bruit que la ville de Gênes s'était défendue avec acharnement; le nombre des combattants était très-peu élevé, et l'on comptait à peine quelques indigènes. Les infâmes qui s'étaient emparés du gouvernement joignirent, pendant les quelques jours de leur domination, l'odieux au ridicule. Ils firent dresser un échafaud sur la place publique. La plupart étaient habillés en généraux, quelques-uns en doges, tous en histrions. Ces émeutiers de l'Europe, toujours au service de quiconque veut porter le désordre, la misère et le meurtre dans un pays, allèrent, une fois vaincus, travailler à la guerre civile dans la Toscane et la Romagne, laissant les véritables Génois honteux et repentants d'avoir un moment subi leur joug exécrable et sanguinaire.

III.

A Livourne, il y avait un grand nombre d'émigrés qui jetaient l'épouvante dans la ville et la tenaient sous leur domination brutale. Ces êtres, sans foi ni loi, faisaient trembler les honnêtes gens et se distinguaient par leurs coiffures rouges, la malpropreté de leurs costumes, le cynisme crapuleux de leurs visages.

Pise tremblait sous une tyrannie semblable.

Il n'y avait plus d'ordre nulle part., plus de sécurité pour les citoyens pacifiques. L'administration et la politique étaient livrées à la confusion, à l'anarchie. Les citoyens sages et intègres, les hommes paisibles, étaient insultés, menacés, désignés aux stylets. La confiance, le crédit, le repos, le travail, enfin tout ce qui fait vivre un peuple avait disparu, et, pour comble de malheur, la majorité, désireuse de voir le calme renaître, manquait d'énergie pour protester.

Il n'en fut pas de même à Florence. Cette noble ville était très-affectionnée au grand-duc ; c'était par surprise que quelques intrigants, aidés de quelques bandits étrangers, s'étaient emparés de l'autorité.

Comme Pie IX, le grand-duc Léopold avait donné aux Italiens plus de liberté que leur estomac politique n'en pouvait digérer. Les Italiens sont des enfants qui ont mis des pantalons d'hommes et ne peuvent marcher.

Lassés enfin de l'anarchie qui les opprimait, sans compter qu'elle les ruinait en chassant de leur ville les citoyens riches sans la protection desquels, qu'on le sache bien, les pauvres ne peuvent vivre, les Florentins renversèrent Guerazzi, et avec lui ses complices, et replacèrent partout les armes du grand-duc, aux applaudissements des paysans accourus de plusieurs milles à la ronde.

Cette restauration, qui était dans tous les cœurs, eut

lieu à l'occasion d'une rixe excitée par les bandes livour-
naises, soldats du désordre, toujours coiffés du bonnet
rouge.

Ces mercenaires de l'anarchie, armés comme des brigands et se conduisant de même, furent chassés par le
peuple de Florence, uni à la garde nationale. L'initiative
de ce mouvement vint du peuple. Sans l'intervention des
bourgeois, le peuple les eût traqués comme des bêtes
fauves.

Lorsque nous quittâmes Florence, les frères masqués
de la Miséricorde avaient ramassé dans leurs civières les
blessés et les morts; partout les armes de Léopold II
étaient rétablies; toutes les bouches criaient : *Vive le grand
duc! à bas Guerrazzi!* Ces cris étaient crayonnés sur les
murs. — Au coin d'un palais, nous vîmes même ces mots
tracés au crayon : *Mort à la liberté!*

Coupable parole qui eût fait mal au grand-duc.

Qu'on ne s'en étonne pas cependant; c'est le caractère
du pays. Les Italiens sont exagérés en tout; la vérité est
au milieu. Les excès à droite sont blâmables comme les
excès à gauche. C'est l'exagération d'un principe qui fait
triompher le principe opposé.

IV.

Cependant les villes de Pise et de Livourne, dominées

par quelques centaines de démagogues, ne reconnurent pas la restauration de Florence. — Qu'en arriva-t-il? c'est que les Autrichiens foulèrent de leurs pieds ennemis le sol toscan, ce que la reconnaissance du mouvement de Florence eût empêché. Mais cette suprême considération d'éviter une guerre inégale n'arrêta pas les bandes furieuses. Qu'importait à ces hommes, pour la plupart réfugiés et sans asile, la honte d'une invasion!...

Tout le temps que la démagogie régna en Toscane, il y eut péril pour la liberté des citoyens, péril aussi pour leur vie. Chaque jour on était menacé par les promenades d'hommes armés, aux sinistres visages, souvent ivres, toujours menaçants, hurlant des chants de mort, brisant les chemins de fer. Ah! de tous les despotismes, celui d'une foule brutale et en délire est le plus hideux!...

Parmi les nouveaux maîtres de la Toscane, se trouvaient les *faquins*, race de bohémiens qui passent leur vie, couchés au bord de la mer ou sur les marches des hôtels, à attendre ces infortunés voyageurs. Ces misérables nous rançonnèrent d'une façon horrible; ils nous arrachèrent de force nos malles et exigèrent ensuite de nous des prix vraiment fabuleux, et avec une insolence outrageante; et comme nous en appellions à la bonne foi des gardes nationaux et du maître d'hôtel lui-même, il nous fut donné encore une fois de voir combien souvent les honnêtes gens sont lâches.

— Payez-leur tout ce qu'ils vous demandent, nous dirent-ils tout bas, ou craignez les plus grands malheurs.

Nous nous récriâmes.

— Mais il n'y a donc plus de lois ici! nous sommes donc chez des sauvages!

— Hélas! c'est trop vrai, nous dit en français un bourgeois de la ville. Il n'y a plus de loi pour personne. Nos propriétés, nos existences, tout est à la merci de ces bandits, de tout ce qu'il y a d'hommes sans mœurs et sans foi dans la ville.

— Que ne protestez-vous? que n'appelez-vous le secours de la France, par exemple?

— Ah! messieurs, nous n'osons pas. Avant que les Français ne nous aient donné un gouvernement régulier, ces misérables nous auraient massacrés.

Ce sentiment de peur fut plus tard partagé par la population romaine, et voilà qui explique comment elle ne se souleva pas à l'approche du général Oudinot.

Pour moi, je protestai à Pise, en compagnie d'un touriste anglais, contre la tyrannie de cette populace, ne voulant pas laisser avilir en notre personne la dignité humaine. Le croirait-on? notre résistance intimida ces furieux, aussi lâches devant l'énergie qu'ils sont féroces devant la faiblesse.

Notre attitude fut, pour les bourgeois de Pise, une leçon dont ils profitèrent plus tard.

V.

Passons aux affaires de Rome. J'en arrive. J'ai vu les saints lieux profanés; j'ai vu 93 dans la ville éternelle; j'ai vu les journées de juin triomphantes et les plus insensés fanatiques au pouvoir.

C'est l'anarchie dans tout son affreux idéal.

En Europe, on n'a pas d'idée de ce qui se passe dans la première ville du catholicisme. Plus on y parle de *fraternité* et de *liberté*, sur les murs, dans les proclamations, à la chambre et dans les journaux, — et moins on y a de liberté.

C'est d'une hypocrisie qui n'a pas de nom. En menaçant vos jours, on vous appelle *mon frère, citoyen;* on vous prête un bonnet rouge, — merci !

En haut, ce sont des ambitieux fanatiques, étant en 1849 de l'école de 1793, — des avocats et des publicistes sans clients ni lecteurs, pour la plupart nés partout excepté à Rome. Plus bas, vient la couche des employés, leurs créatures, puis l'armée, — c'est-à-dire, une poignée d'hommes les uns bons, les autres méchants, presque tous inexpérimentés, bandes de volontaires de tous lieux. Il y a là des Lombards, des Allemands, des Polonais, des Génois, des Livournois, — fort peu de Français, car la plupart de ceux qui servaient ce gouvernement ont été enchantés de profiter de l'arrivée de notre drapeau, sur lequel ils ne voulaient pas tirer, pour fuir ces lieux détestés.

Tous ces soldats sont mauvais; ceux qui sont commandés par Garibaldi connaissent la petite guerre des montagnes et des barricades; leur férocité leur tient lieu de courage. L'espoir du pillage anime leur audace, mais, en
somme, ils sont peu nombreux et incapables de tenir contre des troupes régulières.

Tous ces volontaires, vêtus de haillons bizarres, sont,
avec leurs dignes frères des clubs, la terreur de la ville.
Ils peuvent tout se permettre impunément tant leur usurpation est redoutable.

La garde nationale, la partie morale et intéressante, ruinée par le départ du pape et par les impôts forcés, n'a
pas le cœur de son opinion et subit le joug ignoble et dégradant sans oser se plaindre. C'est tout bas qu'elle
appelle de ses vœux un pouvoir régulier quelconque.

Le petit commerce ne peut vivre sans le pape et les
étrangers, dans cette ville qui possède 365 églises et les
chefs-d'œuvre les plus attrayants de l'univers. Comme
Florence, Rome est une grande hôtellerie qui fait banqueroute si les voyageurs lui manquent.

Il faut dire aussi, pour être juste, que si les Romains
exècrent l'anarchie sous laquelle ils agonisent en ce moment, ils se souviennent d'un autre côté, avec amertume, de
quelques abus autrefois subis, et ils ne voudraient pas que
le pouvoir temporel du clergé fut excessif. Ni démagogie,
ni despotisme, — voilà ce qu'ils veulent; et c'est bien. Le
juste milieu est la vérité politique, la vérité philosophique,
la vérité sociale. Ce sont les *ultrà* de tous les partis qui les

perdent. Point de politique à outrance. Les abus à droite produisent les abus à gauche, *et vice versâ*.

Les Romains veulent le gouvernement constitutionnel dans sa sincérité.

C'est ce que nous leur apportions, c'est ce que l'âme de Pie IX avait rêvé pour eux.

La garde nationale pouvait nous ouvrir les portes de Rome; elle le voulait, — elle ne l'a pas osé!....

Le général Oudinot savait bien qu'elle le souhaitait; il ne s'est pas trompé sur les intentions; — il était dans son droit de compter sur ce courage.

A Rome comme à Paris, comme partout ailleurs, la garde nationale n'est pas une bonne institution.

La garde nationale, loin de fortifier le principe d'autorité, l'amoindrit, quand elle ne le brise pas.

Il est impossible à l'homme d'Etat de gouverner sûrement avec une force armée délibérante. Il ne suffit pas à un ministère d'avoir la majorité légale dans le parlement, s'il n'a pas la majorité dans la garde nationale, — ou si celle-ci s'abstient devant une démonstration armée. A quoi alors sert la Chambre, si ses décrets ne sont pas souverains; si, par l'exemple de la garde nationale, l'armée échappe à la direction du gouvernement légal.

On comprend des soldats de l'ordre, mais non des gardes nationaux qui peuvent, dans une situation quelconque, désobéir et même se tourner contre l'ordre, bien que ce ne soit pas dans l'intérêt de leur propre conservation pas plus que dans celui de la société.

VI.

J'affirme que, à Rome, des hommes très-braves craignent pour leurs jours depuis que plusieurs personnes ont été assassinées. Je pourrais citer, entre mille, un diplomate français, le bon et intelligent M. Mercier.

J'affirme que plusieurs citoyens, et des prêtres entre autres, ont été tués dans les rues de Rome.

J'en appelle au témoignage des Français qui se trouvaient à Rome pendant ces derniers jours. Je ne parle pas de cette poignée d'hommes, la plupart condamnés à Paris, qui ont tiré sur leurs frères et sur leur drapeau, qui ont rougi leurs mains du sang généreux de nos compatriotes, les leurs aussi, — je parle de Français notables, connus, résidants à Rome depuis plusieurs années.

N'ont-ils pas eu à trembler pour leurs propriétés, pour leurs vies mêmes? Mon Dieu! je pourrais citer des noms propres...

Prêtres et laïques français, artistes, vieillards, femmes, enfants, — tout a eu sujet trop légitime et trop justifié de crainte; chacun a redouté le poignard italien, — d'affreuse célébrité.

En effet, des maisons françaises ont été violées, saccagées, non-seulement de paisibles maisons religieuses, — douces retraites de la sainte prière et des saintes aumônes; je parle aussi de maisons particulières, — par exemple de palais réservés à l'art. On a pris les prétextes les plus mensongers, tels que de rechercher des *conspirateurs*, des *réactionnaires*, des *jésuites*, des *traîtres*, etc., etc....

Et ce n'est pas tout : on s'est emparé, de force, de plusieurs palais pour en faire des forteresses. Il était évident à tous les hommes un peu versés dans l'art de la guerre que ces positions militaires étaient ou inutiles ou mauvaises. — Mais n'importe, les vandales ont eu le plaisir de détruire, de briser. Ils ont abattu des murs, rasé des jardins aux arbres centenaires, le tout sans utilité. — C'était à la fois par vengeance et par vanité. — Vengeance, ces habitations appartenaient à des riches ; — vanité, — quelle joie pour des parvenus de se prélasser dans de somptueuses demeures, et, pour des soldats d'hier, jouer au général et au tacticien, — quel bonheur !

Voilà pourtant au despotisme de quels sentiments bas une population de trois millions d'habitants est livrée !...

Il faut à tout prix que cette situation scandaleuse ait un terme.

VII.

Oui, on a porté, à Rome, atteinte à la propriété, — cette plus sacrée des bases de toute société, et de la façon la plus outrageante.

L'anarchie victorieuse a traité la propriété comme ne l'auraient pas fait des sauvages vainqueurs. On a forcé les

citoyens à donner de l'argent, — des sommes considéra-
bles. — Le gouvernement, qui aurait dû protéger, s'est
fait voleur de grand'chemin ; il a crocheté les portes des
particuliers ; c'est le vol organisé sur la plus vaste échelle,
de la plus impudente façon et au nom, ô blasphème ! au
nom de la justice et de la loi ! Après les valeurs, on a pris
les bijoux, l'argenterie, les voitures, les chevaux, les batteries de cuisine, tout, tout enfin !...

Des hommes en délire, de ces furieux que partout on
rencontre, cette lie, cette fange, cette canaille qui est la
populace, mais qui n'est pas le vrai peuple, le travailleur,
qu'elle déshonore ; de ces misérables qui poussent à tous
les bouleversements, instruments sanguinaires d'un pouvoir anarchique, rarement désavoués et toujours encoura-
gés tout bas et applaudis, excités dans l'ombre, ont commis les derniers excès, d'exécrables forfaits, des crimes
restés impunis. — Qu'on ne me dise pas non. — J'ai vu,
j'ai vu de mes yeux humides et de mon cœur indigné, des
hommes à demi-mutilés par la populace en délire, non
par des Romains, mais par des étrangers, le rebus de
toutes les geôles et de tous les *bouges* de l'Europe ; j'ai vu
ces infortunés traînés sanglants vers le Tibre... Là on les a
achevés à coups de hache et de couteaux ; on les a coupés
en morceaux et jetés dans le fleuve...

Ne dites pas que nous calomnions votre révolution, nous
racontons des faits. — Si vous aviez été des gens honnêtes,
au lieu de dire :

— « Laissez passer la justice du peuple ! » vous aviez
dit.

— « A tout prix, arrêtons ces bandes forcenées qui avilissent le peuple et le dégradent en prenant son nom. »

Mais non ! vous avez laissé faire. Et quand on vous a fait rougir de ces crimes, vous avez répondu avec l'hypocrite attitude d'une fausse humilité :

— « Nous n'y pouvons rien ; nous sommes débordés.

Mensonge ! car pendant que vos séides, pendant que ces brigands qui tuaient et pillaient, pendant qu'ils jetaient toutes les familles dans la consternation, pendant qu'ils brûlaient sur vos places publiques souillées les carrosses des riches, — de ces voleurs de riches, de ces brigands de riches, dont le départ de Rome a ruiné la ville aux abois, depuis que vous les avez forcés de fuir, — à la clarté criminelle de ces auto-dafés sauvages, vous *mettiez en réquisition* (expression polie pour dire vous voliez) les chevaux ; — vous preniez l'argent, les bijoux, l'argenterie ; vous preniez jusqu'aux batteries de cuisine pour faire des sous avec le cuivre !

Ah ! vous avez bien appliqué le communisme ! Vous avez bien battu monnaie ! Et quelle monnaie ! Autre vol. — Vos pièces d'argent, chacun peut s'en assurer, ne valent pas la dixième partie de la valeur que vous leur faites représenter ; on n'en veut nulle part en Europe. — Quand on en présente, on répond en riant :

— « Fausse monnaie, Monsieur ! Monnaie romaine ! »

Puis quand il n'y a plus eu d'argent à prendre nulle part, vous avez émis du papier, — pour des millions, — assignats sans valeur, dont personne ne veut, pas même les marchands de Rome qui vous disent tristement :

— « Nous n'avons plus d'argent pour vous changer cela ; comme vous avez droit de nous forcer de vous donner notre marchandise, prenez-la, et gardez vos assignats ; vous payerez si vous voulez... quand vous aurez de la monnaie. »

Ces paroles sont prononcées par les marchands romains avec une tristesse touchante ; mais aussi pourquoi n'ont-ils pas eu le courage de leur opinion ? La loyauté en théorie est une fort belle chose, — c'est peu pour sauver la société de n'avoir à former que des vœux impuissants. L'énergie seule n'est pas inféconde !

VIII.

La question romaine a deux faces bien distinctes : il y a le côté religieux et le côté politique.

Au point de vue religieux, la France est un pays catholique, la fille aînée de l'Eglise, et souffrir l'avilissement de la papauté serait une lâcheté qu'elle ne peut commettre. Or, le pape est avili, s'il n'est pas au Vatican, s'il erre proscrit et dégradé sur les routes de l'exil. Il faut au pape la ville de Saint-Pierre.

Mais le pape doit réunir les deux pouvoirs dans ses mains ; car s'il n'avait que le pouvoir spirituel, il perdrait une partie de son autorité ; il ne serait plus libre ; il courrait risque d'être opprimé, soit par une poignée de clubistes, soit par une dictature, soit par une épée.

Il ne faudrait pas être catholique pour penser autre-

ment; et c'est une hérésié coupable et perfide que de tolé-
rer une distinction, la moindre, entre le pouvoir spirituel
et le pouvoir temporel.

Que les catholiques ne se divisent pas sur cette question
suprême, car plus que jamais ils ont besoin de marcher
unis. Ils composent la sainte phalange qui doit sauver le
monde. Ah! de quelle pieuse admiration ne sentons-nous
pas pris, quand nous voyons cette religion si douce et si
pure, — ineffable émanation de Dieu, — se conserver toujours la même à travers les orages des temps et les erreurs
des hommes! C'est elle, c'est son application qui sauvera
la société prête à périr. Eh bien! encourager l'anarchie
à Rome, frapper, par conséquent, le catholicisme à Rome,
ce serait encourager l'anarchie, frapper le catholicisme
dans toute l'Europe. Les mauvaises passions sont assez
déchaînées, grand Dieu! Ne les encourageons pas. — Des
concessions, des faiblesses sont des crimes au temps des
luttes dernières. Achetons le triomphe par la mort, mais
défendons-nous. La société ne peut périr; heureux ceux
qui tomberont martyrs pour sa cause! Ils seront bénis de
Dieu, et leur héroïsme ne périra pas dans la mémoire des
hommes. Le désordre sera vaincu par l'ordre, et la volonté
l'emportera à la fin sur la licence.

Nous nous pencherons après la victoire sur les combattants de ces pieuses mêlées, nous les baiserons qui front
comme des frères, nos prêtres béniront toutes les morts,
et nous pardonnerons aux blessés; mais avant, point de
grâce, point de faiblesse, point de quartier à l'ennemi qui,
victorieux, ne nous épargnerait pas, et avec nous les principes sacrés qui sont les bases de notre civilisation; point de

concessions jusqu'à ce qu'il n'y ait plus dans le monde une erreur, un préjugé, une utopie, une violence, un crime à craindre. Une société qui ne se défendrait pas serait indigne de vivre !

IX.

Je vous ai montré ce qu'était Rome ; — puis j'ai examiné la question au point de vue religieux, voyons maintenant le point de vue politique.

Que la France ne doive pas, politiquement parlant, assister tranquillement à cet immense scandale qui déshonore et ruine la Romagne, ce n'est pas douteux. D'un autre côté, doit-elle laisser les étrangers, souvent durs à l'Italie, intervenir seuls, au mépris des principes de liberté qu'elle a mission de défendre, au mépris de notre influence légitime ? Evidemment, non.

La France a le devoir et le droit de s'interposer, — de jeter sa vaillante épée dans la balance, de dire aux anarchistes qui oppriment Rome :

« — Retirez-vous ; plus longtemps ne souillez pas la ville des prières de votre présence criminelle ! »

Puis, elle a droit de dire aux étrangers :

« — Quant à vous, qui représentez le principe d'autorité dans ses manifestations brutales, repliez vos tentes, éteignez le feu de vos bivouacs, rentrez chez vous, nous vous promettons que l'ordre sera rétabli à Rome, mais nous vous jurons aussi que nous voulons assurer à ces peuples les libertés dont nous jouissons chez nous.

Tel est le noble rôle que le Gouvernement avait imposé au général Oudinot et que celui-ci avait accepté.

Les prétendus gouverneurs qui sont à Rome font sourire de pitié, ceux qui, comme nous, les connaissent bien, quand ils viennent, en ces termes pompeux qui leur sont familiers, se récrier sur *le viol de leur territoire*, sur *leurs libertés menacées*, etc. — Ils font semblant de croire que la France veut les opprimer, quand ils savent parfaitement bien qu'elle vient les sauver.

Ah ! vraiment, nous avons été trop bons. Si nous avions laissé l'Autriche et les Napolitains intervenir seuls, ces hableurs, ces déclamateurs qui aujourd'hui devraient nous bénir, nous appelleraient, implorant nos secours, sans compter avec nos conditions.

Qui oserait donner le nom de gouvernement à cette minorité audacieuse qui a organisé une véritable terreur et qui ne vit que de vandalisme, de vols, de spoliations ?

Si un pareil état de choses durait plus longtemps, Rome serait ruinée à jamais, et la France, déshonorée pour avoir, puissance catholique, souffert indéfiniment que le chef de la chrétienté fût privé de son indépendance, et puissance libérale, pour n'avoir pas, en rétablissant le Pape, garanti aux populations le progrès pacifique et légitime.

C'est dans ces idées qu'a été résolue et dirigée l'expédition de Civita-Vecchia et de Rome. Les populations romagnoles, lasses de la misère et du spectacle de l'assassinat, sont disposées à suivre l'exemple des Toscans, mais ils n'osent pas. Ils n'ont pas osé prévenir notre intervention par une démonstration en faveur du Pape ; oseront-ils prévenir l'intervention de l'Autriche, qui anéantirait les réformes, en agréant les Français qui vont leur porter le régime constitutionnel, ce qui est encore beaucoup pour eux.

X.

Le gouvernement constitutionnel comporte une civilisation dont l'Italie est loin de nous offrir le tableau.

Ceci peut ne pas être une considération politique suffisante pour que nous nous abstenions, — mais ce n'en est pas moins la vérité.

Les Italiens ne sont vraiment pas dignes de la liberté, et surtout ils ne sont pas dignes que nous exposions nos armes pour eux. C'est douloureux à dire, mais c'est un peuple faux, vantard et dénué de toute espèce de bravoure. Il ne vaut certes pas tout le bruit qu'il fait en Europe. C'est un peuple abâtardi par les longues oppressions sous lesquelles il a gémi, dépravé par je ne sais quelles influences et dépravé de plusieurs façons...

Généralement, — car partout et en tout il y a des exceptions, l'Italien n'est pas soldat ; il n'est pas courageux ; s'il a un ennemi, ce n'est pas en face qu'il l'attaque, c'est par derrière, — non avec l'épée, arme des braves, mais avec le poignard, — arme des lâches. Comme tous ceux qui manquent de courage, ils se montrent féroces quand ils sont plusieurs contre un. Nous avons vu, à Florence et ailleurs, — plusieurs hommes se jeter sur un malheureux et le poignarder de mille coups avec une férocité aussi grande que grande eût été la couardise qu'ils eussent montrée dans une partie égale.

C'est un peuple de charlatans qui débitent et impriment de grandes phrases creuses et sonores auxquelles ils ne croient pas un mot. L'Italie, — c'est la paresse greffée sur l'orgueil; jamais je n'ai vu gens plus fiers et à la fois moins braves, plus vaniteux et moins dignes de l'être.

Toutes les races du Midi sont venues là s'abâtardir, s'user, se vieillir, se corrompre. Plus ce type est prétentieux et solennel, moins il peut justifier ses attitudes. Un rien est pour ces gens-là un sujet de proclamations vaniteuses, d'enthousiasmes honteux; — Leurs défaites mêmes, ils se les comptent comme des victoires. L'habitude de l'exagération a pris chez eux des proportions gigantesques; on finit par penser qu'ils croient eux-mêmes à leurs propres mensonges. Ils professent pour la vérité le plus insolent mépris; c'est à ce point qu'ils finissent, ma foi, par se tromper eux-mêmes, — par donner le change à leur conscience. C'est une folie, une maladie chronique. Ainsi, j'ai vu, non pas un seul officier, mais des centaines d'officiers italiens qui n'avaient jamais servi, se prendre au sérieux, s'appeler les uns les autres par les grades les plus pompeux; — et comme ils sont heureux d'avoir des uniformes! comme ces uniformes sont brodés!

Ils ressemblent, ainsi affublés, à des marchands d'orvié-
tan. Comme ils sont fiers d'entendre sur le pavé résonner
leurs éperons, — ces éperons incroyables, — et ces énormes
sabres, qui sont d'autant plus grands que ceux qui les
portent, je veux dire qui les traînent, avec fracas, sont
moins capables de s'en servir !

Ceux qui font exception gémissent de ces orgueils en-
fantins.

Et puis pas de peuple plus versatile dans son enthou-
siasme : aujourd'hui il criera *viva !* à un homme avec
un délire inouï ; demain il criera *mort !* au même homme
avec une égale passion, sans que la situation ait changé.
J'ai vu des citoyens portés en triomphe par des centaines
de bras, salués par des centaines de voix, — un moment
après frappés du classique poignard par les mêmes mains
et outragés par les mêmes bouches.

C'est pitoyable, mais c'est ainsi. Qu'il y ait maintenant
dans cette foule quelques sentiments généreux, plus d'éga-
rement que de froide cruauté ; qu'il se trouve souvent là,
au moment des grands forfaits, une main courageuse pour
arrêter les poignards et une voix honnête pour dominer
les tempêtes, — cela est vrai, et il y aurait injustice et
déloyauté à ne le pas constater.

XI.

Ainsi, c'est bien convenu, et que ceci soit l'enseignement suprême de cet écrit. Ce qui arrive aux Romains nous menace si nous ne savons pas mieux nous défendre qu'eux contre les anarchistes; et si nous n'intervenons pas vigoureusement pour la liberté, mais surtout pour l'ordre, l'ordre et la liberté périront tout à fait là-bas, et nous perdrons notre légitime influence en Europe.

Je ne comprends pas comment l'expédition de Rome n'a pas été plus populaire dans le monde; rien n'était plus utile, plus honnête et plus libéral; — il faut croire que les faits ont été généralement mal exposés et par conséquent mal connus.

Quoi qu'il en soit, tenons-nous bien ! Ce n'est pas seulement une question de catholicisme, ce n'est pas seulement une question de politique : c'est aussi une question de société. — Le communisme plane sur la pauvre ville de Rome.

Le désordre a sa pente aussi bien que l'arbitraire; comme la tyrannie, la démagogie a des abîmes qui fascinent et attirent.

Démolisseurs insensés et pervers, une fois que vous aurez touché à la propriété, vous détruirez la famille; — puis vous supprimerez Dieu, — ce bon Dieu que vous avez déjà tant outragé et tant calomnié; — puis nous vivrons comme des bêtes, de la vie ignoble, brutale, matérielle, communautaire des animaux !

Si nous vous laissions faire, il vous serait très-facile de détruire la société; ce serait bien vite fait, pour cela je vous crois; mais comment vous y prendriez-vous pour la reconstruire? Briser une montre n'est rien, mais en faire une!

Par quoi remplaceriez-vous la propriété, — cet appât naturel, légitime et stimulant du travail?... Adopteriez-vous le gracieux système de Fourier? Mais, d'abord, je doute fort que vous puissiez parvenir à nous faire pousser à chacun et à chacune la fameuse queue sociale avec l'œil social au bout. Et vous me faites sourire quand vous espérez que le jour viendra où les fleuves couleront de la limonade, de la groseille, de l'orgeat et autres douceurs rafraîchissantes.

Vous aviserez-vous d'essayer l'application de la tryade de M. Leroux? Peut-être adopterez-vous le système de l'aimable citoyen Agricol Perdiguier, dit *l'Avignonnais*, dit *la Vertu*? Il y aurait de quoi s'en réjouir fort. Ou bien serait-ce celui de ce bon M. Proudhon, Mercure social, Dieu du paradoxe féroce, dont Greppo est l'élégant et délicieux prophète?

Après cela, si l'immense succès de l'Icarie vous touche et vous séduit irrésistiblement, vous avez la ressource de rappeler à vous le père Cabet, vulgairement appelé *la mère Icare*.

Ah! que nous serions heureux à Rome comme à Paris; que nous serions heureux si pareille gentillesse arrivait et que le peuple se réjouirait de s'être laissé prendre aux séductions de vos perfides tréteaux. On ne peut vraiment mettre la destinée d'un peuple dans les mains de ces hommes dont l'impuissance, pleine de contresens, les stériles déclamations, les misérables querelles, les systèmes improvisés et impraticables, ne sont bons que pour égayer nos loisirs et dérider, au théâtre, nos fronts soucieux.

Toutes ces agitations nous ont créé de grands périls, et par conséquent, de grands devoirs. Parmi ces derniers, le plus impérieux, c'est d'avertir la France par l'exemple de Rome.

Et quel plus frappant enseignement des dangers de l'anarchie que le tableau exact et sincère offert depuis plusieurs mois dans la cité sainte!..

XII.

Je vous ai dit combien les Italiens sont acteurs. Ils ont joué avec nos infortunés prisonniers, — ces quelques soldats qu'ils nous avaient pris par trahison, en parlementaires, la plus infâme des comédies. Ils ont joué à la générosité; ils ont cherché à circonvenir nos braves soldats, à ébranler leur fidélité au drapeau. Ils leur ont proposé des grades supérieurs, — en compagnie d'un tas de bottiers, de perruquiers et de galefats, qui en sont affublés. Inutile de dire combien ces efforts criminels ont été infructueux. Nos soldats ont trop l'amour de la discipline,

— cette force suprème et ce suprème honneur de nos armées, pour s'être laissé aller à ces perfides séductions. D'ailleurs, ils n'aiment ni les communistes ni les clubistes. Ils savent que ceux qui dominent à Rome, et contre lesquels ils marchent, ne sont pas leurs frères, — mais leurs ennemis, — car ils sont les ennemis de l'ordre, de la propriété et de la famille.

Les journaux de la démagogie n'ont pas manqué de proclamer que nos soldats avaient fait défection; qu'ils avaient fraternisé de tout leur cœur avec les anarchistes; qu'ils avaient *juré qu'on les avait trompés; que c'était une guerre impie, fratricide; que jamais ils no tireraient sur les murs de Rome,* etc...

Ces assertions sont d'affreuses calomnies. J'ai eu le plaisir de voir ces militaires, officiers et soldats. Ils étaient pleins de rage d'avoir été ainsi montrés au doigt, promenés par toute la ville comme des objets de triomphe. Ils appelaient une revanche de tous leurs vœux. — Jamais, au reste, ils ne s'étaient un seul instant regardé comme prisonniers de guerre, puisqu'ils avaient été pris par la plus insigne des trahisons, couverts pour des adversaires qui eussent eu du cœur, par le drapeau blanc des parlementaires.

Les officiers français et les soldats n'eurent pas à se louer des procédés dont on usa envers eux, comme on l'a faussement affirmé; car, si matériellement on ne les laissa pas manquer des choses indispensables à la vie, on les humilia dans leur amour-propre; — on les produisit aux clubistes; ils eurent à subir les baisers judaïques et les hypocrites protestations des meneurs. Cette conduite des chefs du mouvement ne manquait pas absolument d'habileté s'ils eussent eu affaire à des natures vulgaires. Mais des Français ne pouvaient tomber dans de semblables piéges, et grâce à Dieu, notre armée est inébranlable, quoiqu'en ait écrit certains journaux. Ah! que n'écrivent-ils pas ces distillateurs de poisons, ces calomniateurs émérites?...

Ne se sont-ils pas avisés de chercher à jeter des doutes sur la conduite de l'ambassade française à Rome?— Là encore, ils ont écrit précisément le contraire de la vérité. Ils ont prétendu que M. de Forbin-Janson *s'était enfui, abandonnant ses nationaux.* D'abord, M. de Forbin-Janson ne s'est pas *enfui* le moins du monde; il ne nous a pas abandonnés; sa conduite a été constamment pleine de dignité et de courage. Il réunit les Français à l'ambassade, leur offrit pour refuge sa maison et le palais de l'Académie, déclarant qu'il resterait à son poste, auprès du drapeau national, tant qu'il pourrait être arboré avec dignité. Ne l'avons-nous pas vu entouré de nos compatriotes, s'efforçant de les rassurer, leur proposant les mesures les plus propres à garantir leur sécurité dans Rome? Et n'at-il pas énergiquement protesté, malgré les menaces d'une invasion de furieux, lorsqu'on vint arrêter sous ses yeux, au palais même de l'ambassade, encore protégé par le drapeau français, M. le colonel Leblanc, malgré la promesse écrite que M. de Forbin-Janson avait reçu des triumvirs?

Quand, plus tard, obligé par sa position politique, par le caractère diplomatique dont il était revêtu, et pour se conformer sans doute à des instructions reçues, M. de

Forbin-Janson se retira avec tout le personnel de l'ambassade, il ne le fit pas sans avoir pris toutes ses précautions pour la sécurité de ses nationaux.

C'est ainsi que, dès le 1ᵉʳ mai, il s'adressait à M. de Kolb, consul de S. M. le roi de Wurtemberg, pour placer les Français résidants à Rome sous la protection de son consulat, et qu'il le chargeait, conjointement avec l'excellent M. de Gérando, notre chancelier, de se rendre au triumvirat et d'y porter de nouveau ses protestations et les réclamations suivantes :

1° Demande de passeports et de saufs-conduits pour tous les Français désirant quitter Rome;

2° Des gardes de sûreté pour tous les établissements français;

3° La mise en liberté du colonel Leblanc et du capitaine Boissonnet, officier d'état-major du général Oudinot.

Le palais de l'Académie française, dans lequel nous nous étions réfugiés, ayant été envahi et occupé militairement par les insurgés de Rome, M. de Forbin-Janson nous invita à nous rendre à l'ambassade, où il nous installa lui-même, chargeant ensuite M. de Gérando de nous continuer pendant son absence l'hospitalité qu'il nous avait offerte si noblement au nom de la France. — M. de Forbin-Janson ne pouvait nous confier à de meilleures mains, et il nous eût été impossible de rencontrer plus de zèle et plus d'activité que M. de Gérando n'en a déployés dans ces circonstances difficiles. J'ai été heureux, en passant, de joindre ma voix à celles qui ont, à ce sujet, démasqué la tactique des journaux communistes.

Ces journaux semblent être payés pour controuver les faits.

Quand on a parlé des *massacres* commis en Italie par les *tyrans*, on a induit le public en erreur.

L'Italie, je l'ai dit et chacun le sait, est le pays du mensonge par excellence. Une preuve entre mille :

Certains journaux ont fait grand bruit de la prétendue découverte de souterrains mystérieux où l'on aurait journellement mutilé des citoyens rebelles au confessionnal. On parlait de cadavres trouvés... que sais-je? Eh bien! c'était une horrible calomnie; c'était l'impudente exploitation du Saint-Office. On avait apporté des os du cimetière dans des lieux convenus pour faire croire à l'inquisition moderne.

Rien donc n'est exact de tout ce que les journaux exagérés ont publié sur l'Italie. J'ai dit la vérité sur Rome; les honnêtes gens sont prévenus; le gouvernement sait à quoi s'en tenir : qu'il avise. Il aurait tort de s'arrêter dans l'œuvre d'ordre et de liberté qu'il a commencée, car Dieu et l'humanité sont avec lui.

30 mai 1849.

www.ingramcontent.com/pod-product-compliance
Lightning Source LLC
Chambersburg PA
CBHW061752060726
47597CB00007B/2900